AF125837

Dieses Buch gehört:

_____

Sei lieb zu diesem Buch !

Ebenfalls lieferbar:

ISBN 978-3-649-63604-5

FSC
www.fsc.org

MIX
Papier | Fördert
gute Waldnutzung
FSC® C144853

5 4 3 2   26 25 24 23

ISBN 978-3-649-64018-9

© 2022 Coppenrath Verlag GmbH & Co. KG,
Hafenweg 30, 48155 Münster
Alle Rechte vorbehalten, auch auszugsweise

www.coppenrath.de

DIE WEIHNACHTS-GESCHICHTE

nach Lukas und Matthäus

Neu erzählt von Antoinette Lühmann
Mit Bildern von Daniele Fabbri

COPPENRATH

Vor sehr langer Zeit schuf Gott die Welt, Büsche, Bäume, Blumen und Tiere. Und die Menschen. Sie sprachen mit Gott – und Gott sprach mit ihnen. Er half ihnen, wenn sie nicht weiterwussten. Und wenn sie ohne Hoffnung waren, malte er einen Regenbogen in den Himmel. Gott liebte sie sehr. Aber das reichte ihm nicht.

„Ich will mit den Menschen an einem Tisch sitzen wie ein Freund mit seinen Freunden", sagte Gott. „Ich will Freude und Leid mit ihnen teilen. Ich will von einem Vater getröstet werden und die Hand einer Mutter halten. Ich will Fehler machen und um Verzeihung bitten. Ich möchte den Menschen nahe sein und sie sollen spüren: Ich bin da!"

Also beschloss Gott, auf die Erde zu gehen.

Als Mensch unter Menschen.

Von Anfang an.

Zu dieser Zeit lebte in der kleinen Stadt Nazaret in Galiläa eine junge Frau. Sie hieß Maria. Bald wollte sie den Zimmermann Josef heiraten. Alles, was sie tat, tat sie mit Liebe. Das gefiel Gott. Und deshalb schickte er einen Engel zu ihr.

„Fürchte dich nicht", sagte der Engel, „denn ich habe eine gute Nachricht für dich. Gott möchte als Mensch auf die Erde kommen und du sollst seine Mutter sein. Du wirst schwanger werden und sollst dein Kind Jesus nennen."

Maria erschrak. „Aber ich habe noch keine eigenen Kinder", sagte sie. „Kann Gott nicht eine Frau suchen, die schon eine gute Mutter ist? Bestimmt wird sie sich viel besser um das Kind kümmern als ich."

Der Engel lächelte. „Gott hat dich ausgesucht, Maria", sagte er. „Du wirst lernen, eine gute Mutter zu sein. Und Josef wird dir helfen. Du wirst dein Kind von ganzem Herzen lieben. Das ist das Wichtigste. Hab Vertrauen."

Maria nickte. „Dann soll es so sein", flüsterte sie.

Josef erschrak, als Maria ihm von dem Besuch des Engels erzählte. Gott sollte als Kind bei ihnen einziehen? Es gab so vieles, was sie falsch machen konnten! Doch in der folgenden Nacht bekam auch er Besuch von einem Engel.

„Josef, hab keine Angst", sagte der. „Bleib an Marias Seite. Jesus wird den Menschen einmal von Gott erzählen, und sie werden spüren, dass Gott mit ihnen unterwegs ist. Und du wirst es auch spüren. Du bist nicht allein."

Da wurde Josefs Herz leichter und er schlief tief und fest bis zum nächsten Morgen.

So vergingen die Monate und das Kind in Marias Bauch wuchs. Manchmal drückte es mit seinen Fäusten von innen gegen ihre Bauchdecke. Und wenn Josef die kleine Beule sah, freute er sich.

Es konnte nicht mehr lange dauern bis zu der Geburt des Kindes, da beschloss Kaiser Augustus im fernen Rom, alle Menschen zählen zu lassen. Er wollte wissen, wie viele in seinem riesigen Reich lebten. Deswegen sollte jeder in die Stadt gehen, in der er geboren worden war, und sich dort in eine Liste eintragen. Auch Josef und Maria mussten sich auf den Weg machen. Das war keine gute Nachricht, denn Josef kam aus Betlehem und der Weg dorthin war weit.

„Wie sollen wir das schaffen?", fragte Josef. „Unser Kind wird bald auf die Welt kommen!"

„Mach dir keine Sorgen", sagte Maria. „Wir gehen einen Schritt nach dem anderen."

Die Reise nach Betlehem war anstrengend, und Josef war froh, dass sie Essen, Wasser und warme Decken auf ihren Esel binden konnten. So hatte er immer eine Hand frei und konnte auf den besonders steinigen Straßen Marias Hand nehmen. Sie waren viele Tage unterwegs, als sie schließlich die Stadtmauern von Betlehem in der Ferne erblickten.

Maria war so erleichtert, dass ihr Tränen über die Wangen liefen. Endlich waren sie angekommen!
„Heute Nacht wirst du in einem weichen Bett schlafen", versprach Josef.
Das war gut, denn Marias Rücken schmerzte.

In der Stadt klopfte Josef an die Tür einer Herberge. Der Wirt öffnete und grüßte Josef und Maria freundlich.

„Wir kommen aus Nazaret und suchen ein Zimmer für die Nacht", sagte Josef. Aber der Mann schüttelte den Kopf. „Wir haben keinen Platz mehr", sagte er. „Ihr müsst es woanders versuchen."

Maria und Josef gingen durch Betlehem und klopften an viele Türen. Doch auch die anderen Herbergen waren überfüllt. Es waren einfach zu viele Menschen in der Stadt. Maria lehnte sich erschöpft an eine Mauer. Sie war furchtbar müde. Und sie spürte, dass ihr Kind bald geboren werden wollte.

„Gott, ich kann keinen Schritt mehr gehen", betete sie. „Bitte zeig mir den Ort, an dem ich mein Kind erwarten kann."

Da öffnete sich eine Tür. Eine Frau trat heraus und hielt ein Licht in der Hand.
„Ihr seht müde aus", sagte sie. „Ich habe kein freies Zimmer mehr, das ich euch geben kann. Aber im Stall gleich hinter dem Haus liegt frisches Stroh und bei den Tieren ist es warm. Dort könnt ihr euch ausruhen."
Maria und Josef waren erleichtert und dankten der Frau. In dem Stall standen ein Ochse und ein Esel. Aus dem Stroh und seinen Decken machte Josef ein weiches Bett. Jetzt hatten sie es gemütlich.
Und dann, noch in derselben Nacht, erblickte ihr Kind das Licht der Welt. Maria wickelte ihren Sohn und Josef legte ihn in eine Futterkrippe. Sie nannten ihn Jesus, so, wie der Engel es ihnen gesagt hatte.

Nicht weit entfernt waren Hirten auf dem Feld und hüteten ihre Schafe. Sie saßen am Feuer und wärmten sich.

Da trat plötzlich ein Engel zu ihnen und sprach: „Fürchtet euch nicht! Ich habe gute Nachrichten. Ihr habt Grund zur Freude, denn Gott ist heute Nacht zu euch auf die Welt gekommen! Geht nach Betlehem und dort werdet ihr das Kind finden, gewickelt und in einer Krippe liegend."

Und auf einmal war der ganze Himmel voller Engel. Sie freuten sich und sangen: „Ehre sei Gott in der Höhe und Friede auf Erden!"

Als die Engel wieder verschwunden waren, sahen die Hirten einander an. Ein Wunder war geschehen – und sie hatten als Allererste davon erfahren!

„Wir müssen dieses Kind begrüßen", sagten sie zueinander und machten sich voller Freude auf den Weg.

In der Nähe waren drei weise Männer unterwegs. Sie kamen von sehr weit her!
Schon als Kinder hatten sie gehört, dass eines Tages ein ganz besonderer König ge-
boren werden sollte, einer, der die Menschen von ganzem Herzen liebt und nur Gutes
für sie will. Viele Jahre hatten sie auf diesen neuen König gewartet, und dann, eines
Tages, tauchte ein Stern am Himmel auf, der heller strahlte als alle anderen.
„Dieser Stern ist das Zeichen, auf das wir unser Leben lang gewartet haben!", rief der
erste der drei Weisen.
„Er wird uns den Weg zum neugeborenen König zeigen!", rief der zweite.
„Dann lasst uns gehen und nach ihm suchen", sagte der dritte.
Eilig packten sie ihre Sachen zusammen und wählten ein paar kost-
bare Geschenke aus, die sie dem Kind mitbringen wollten:
Gold, Weihrauch und Myrrhe. Dann brachen sie auf.

Es wurde eine ungewöhnliche Reise. Am Tag schliefen die drei weisen Männer und in der Nacht folgten sie dem Stern.

Sie kamen an großen Palästen vorüber und fragten nach dem neugeborenen König. Doch niemand wusste etwas von ihm. Sie klopften an die Türen der prunkvollsten Häuser, aber auch dort hatte keiner von dem Kind gehört. So gingen sie von Stadt zu Stadt und von Haus zu Haus. Das Königskind fanden sie nicht.

Schließlich kamen die drei weisen Männer nach Betlehem. Dort blieb der Stern über einem Stall stehen. Davor warteten Hirten. Sie trugen Feuerholz, warme Decken und Felle unter ihren Armen. Aufgeregt flüsterten sie miteinander. Ein Junge übte mit zittrigen Fingern ein Schlaflied auf seiner Flöte. Sonst war alles still in der Stadt und der Stern leuchtete hell. Da wunderten sich die drei Weisen. War das ihr Ziel? Hier, in diesem Stall, sollten sie den neuen König finden? Zwischen all den einfachen Menschen? Das war unglaublich!

Aber dann öffnete sich die Tür des Stalles und ein Mann schaute
zu ihnen heraus. Es war Josef und sein Gesicht strahlte voller Liebe.
Es strahlte sogar heller als der Stern am Himmel. Jetzt wussten
die drei, dass sie richtig waren.
„Kommt herein", sagte Josef und öffnete die Tür weit.

Da standen sie nun alle zusammen und freuten sich, dass Gott ausgerechnet an diesem Ort zur Welt gekommen war. Nicht in einem Palast. Sondern dort, wo ihn alle sehen und besuchen konnten.

Die Hirten mit ihren Tieren. Die Männer und Frauen und Kinder. Und die Menschen aus fernen Ländern. Alle schenkten sie dem Kind, was sie hatten: kleine und große Schätze, ein Lied und ein Gedicht, eine Umarmung und einen Kuss. Gott aber lag als Kind zwischen den Menschen, die ihm nahe sein wollten. Ihre Liebe wärmte ihn.

Und der Stern leuchtete allen den Weg, die auch Gottes Liebe sehen und spüren wollten. Und so ist es bis heute.